AF445326